CATALOGUE

DES COLLECTIONS

DE FEU M. P.-F. QUELIN,

D'ANGERS.

CATALOGUE
DES COLLECTIONS

de feu M. P.-F. QUELIN, d'Angers.

ANTIQUITÉS, CURIOSITÉS,

OBJETS D'ART;

TABLEAUX ANCIENS,

DESSINS, GRAVURES,

MANUSCRITS, OUVRAGES IMPRIMÉS, AUTOGRAPHES,

PIÈCES CALLIGRAPHIQUES.

Vente le lundi 23 juin 1851, et jours suivants, de onze heures du matin à cinq heures du soir,

à Angers (Maine & Loire), rue Boisnet, en face la rue Basse du Mail,

PAR LE MINISTÈRE

de **M. Auguste MARIE**, commissaire-priseur à Angers.

———

ANGERS,

COSNIER ET LACHESE, IMPRIMEURS-LIBRAIRES.

—

1851.

Ce Catalogue se trouve :

A Angers, chez MM.
- MARIE, commissaire-priseur, place Saint-Martin.
- COSNIER et LACHÈSE, imprimeurs-libraires.

—

PRIX : 50°.

—

EXPOSITION PUBLIQUE :

LES 20 ET 21 JUIN, DE UNE A QUATRE HEURES.

Un observateur distingué nous disait récemment : Si Poitiers est la ville des *émaux*, Angers est celle des *tableaux*. Cette judicieuse remarque nous invita naturellement à rechercher la cause de ce fait, qui ne manque pas d'intérêt, et nous croyons l'avoir trouvée dans un goût très prononcé en Anjou pour les arts au xviiie siécle, non que ce goût fût irréprochable à tous égards, mais son existence seule est digne d'attirer l'attention. Donc, au xviiie siècle, les arts, et notamment la peinture, comptent de nombreux adeptes en nos contrées. *Jean de Brie* peint des tableaux d'église et des portraits; *Oliver*, *Cholet*, père et fils, sont dans cette même voie; *Nicole* également, et sa fille, Mme *Meslet*, pendant vingt années, se trouve chargée de la confection des figures décorant les douze grosses torches portées à la procession de la Fête-Dieu.

L'Italien *Barroni* alors peignait à fresque, à la détrempe et à l'huile.

Un Angevin, cordelier de profession, le père *Arnoul* ou *Arnould*, ne craignait point d'aborder les grandes toiles, et travaillait sans relâche à l'embellissement de l'église de son couvent.

Le Mercier, élève de Carle Vanloo, vint habiter notre ville vers 1765. Ses pastels étaient estimés.

Lombardet, demeurant à Brissac, courait de châteaux en châteaux, fort recherché par les personnes de la haute société pour ses miniatures.

En 1770, *Coulet*, élève de Restout, s'établit à Angers, et vers 1777, fait d'inutiles tentatives à l'effet d'obtenir de la mairie la fondation d'une école gratuite de dessin.

A la même époque, *Drouard*, peintre et sculpteur, acquérait quelque réputation; mais *Leisner* le surpassait en talent. Ce dernier grandit tous les jours et survit à lui-même; sa manière allemande, religieuse et saisissante allant mieux au goût du xixe siècle qu'à celui du xviiie.

Glédu, son élève, modelait en terre glaise des sujets religieux.

La Mare, père et fils, maniaient, non sans quelque habileté, la terre cuite.

Enfin *David*, père de notre célèbre statuaire, métamorphosait le bois de chêne en guirlandes de fleurs, et le hêtre en corbeilles de fruits. Puis il inoculait dans son fils le goût des beaux-arts, que celui-ci devait porter si haut.

Cette réunion de peintres et de sculpteurs à Angers y développa le goût des tableaux, et, par suite, celui des collections. La plupart des châteaux et des hôtels avaient des galeries. Entre toutes, celle de M. Eveillard de Livois méritait justement de piquer l'attention publique. Lui-même dessinait avec aisance; il aimait les artistes, les protégeait, et ses voyages à Paris, dans les Flandres, la Hollande, en compagnie d'hommes d'élite, profitèrent beaucoup à l'accroissement de son cabinet. Il recueillit grand nombre de toiles d'un bon choix, qu'il classa méthodiquement dans les salles de l'hôtel de son nom, près de l'Oratoire, à Angers (aujourd'hui maison Blancler). On peut se convaincre de la valeur de cette collection en ouvrant le catalogue (1) qui fut en 1791, après la mort de M. de Livois, dressé par M. Sentout. Ce livret ne mentionne pas moins de 517 tableaux,

(1) Imprimerie de Mame, à Angers, 1791. Ce catalogue, devenu fort rare, nous a été prêté par M. d'Houdan.

de 15 dessins montés et de 18 miniatures, tous objets dans le nombre desquels se trouvent des toiles de *Titien*, *Luc Jordans*, du *Guide*, de *Carrache*, *Rubens*, *Breughel*, *Téniers*, *Mieris*, *Rembrandt*, *Mignard*, *Lebrun*, *Coypel*, *Boulogne*, *Tremolière*, etc. Cette brillante galerie servit à former le musée actuel de notre cité dans les proportions suivantes :

Ecole française. . . . .   59 tableaux.
Ecole d'Italie.   18
Ecole flamande.   50
                                  ______
                     TOTAL. 117

C'est-à-dire plus des deux tiers des toiles composant aujourd'hui la collection du Musée.

Avec de tels éléments, il n'était pas possible que le goût des collections ne se développât point d'une façon toute spéciale en Anjou. Aussi n'est-il pas rare de trouver, même au fond de modestes demeures, des toiles qui ont quelqu'intérêt au point de vue de l'art ou de l'histoire.

A ce mouvement se rattachent les galeries de MM. d'Houdan, Janvier, Bazin, Voisin, Mordret et Quelin.

Celui-ci, avec ses tendances très prononcées pour le classement des tableaux, dessins et gravures, fut des premiers à subir cette douce influence artistique, que M. de Livois d'abord, et après lui le musée de la ville, surent faire naître à Angers.

M. Pierre Quelin, né aux Ponts-de-Cé le 31 décembre 1787 et décédé à Angers le 22 mars 1854, commença la formation de son cabinet vers 1815. Après beaucoup de peine et de sacrifices, il est parvenu à recueillir plus de 500 tableaux et dessins, sans compter un très grand nombre de gravures, tous objets mentionnés dans le catalogue suivant, à la formation duquel a concouru M. Bazin, et que M. Georges, ancien commissaire-expert du musée du Louvre a vérifié scrupuleusement.

IV

La collection de M. Quelin renferme aussi quelques meubles curieux, plusieurs manuscrits concernant l'histoire d'Anjou, beaucoup de pièces calligraphiques, depuis le XIIIe siècle jusqu'à nos jours, et un grand nombre de livres relatifs à l'étude des beaux-arts.

V. GODARD-FAULTRIER.

CATALOGUE

DES COLLECTIONS

COMPOSANT LE CABINET

DE FEU M. P.-F. QUELIN,

D'ANGERS.

PREMIÈRE DIVISION.

ANTIQUITÉS, BOIS SCULPTÉS, MEUBLES, &.

ANTIQUITÉS ÉGYPTIENNES.

1. Figurine égyptienne en bois de sycomore, peinte, trouvée dans les hypogées aux environs du Memnonium, apportée en France par M. Nestor l'Hôte, ancien compagnon de voyage de M. Champollion.

BOIS SCULPTÉS.

2. Deux têtes de cariatides en bois, plus grandes que nature. XVIIᵉ s.

3. Cinq panneaux, plus une frise en bois sculpté. XVIIᵉ et XVIIIᵉ s.

4. Une paire de chandeliers d'église, en bois sculpté et doré. XVIIe s.

5. Femme tenant un dragon enchaîné à ses pieds. Style du XVIIe s.

6. Quatre cartouches d'ébène représentant en relief divers sujets mythologiques, entr'autres Bacchus enfant, plus deux autres bas-reliefs, également en ébène, figurant des sujets dionysiaques.

> Tous ces fragments proviennent d'un meuble de l'époque de Louis XIII.

7. Guéridon à pied tourné. XVIIIe s.

8. Une guirlande en bois doré, du ciseau d'un nommé Garnier, de Paris, qui travailla quelque temps à Angers sous la direction de M. Gaultier, sculpteur et doreur. XVIIIe s.

9. Un lot de quatre objets du XVe au XVIe s.

10. Un évêque assis, en bois doré, style du XVIIe s., avec incrustations de pierres de couleur.

11. Un lot de deux objets représentant une Résurrection et un saint François.

12. Seize fragments de guirlandes de fleurs et fruits, en bois sculpté, attribués au ciseau de Pierre-Louis David, père de David (d'Angers).

13. Statuette en bois, représentant un moine portant un encensoir de la main droite. XIIIe s.

MEUBLES.

14. Trois fragments d'un lit du XVIe s., en bois sculpté.

15. Une chaise en bois sculpté, en style du XVIIe s., avec siége revêtu en tapisserie.

16. Une chaise en bois sculpté, avec dossier orné d'un cartouche représentant une tête parée d'un croissant, en style du XVIIe s. Le siége est revêtu d'une étoffe détachée d'une ancienne chappe; plus quatre autres

chaises plus petites, mais du même genre, le tout formant un lot.

17. Un panneau sculpté aux armes d'un évêque, et un montant également en bois travaillé. xviie et xviiie s.

18. Cinq panneaux avec sculptures en relief sur bois, du xve s., représentant cinq personnages religieux.

19. Panneau en bois sculpté, du xve s., représentant la Justice.

20. Quatre panneaux de bois, en style renaissance, décorés de rondelles, renfermant des personnages en costume de la même époque.

21. Dossier de stalle en style de la fin du xve s., décoré de trois personnages en costume du même temps.

22. Devant de coffre en style de la fin du xve s., orné de cinq personnages religieux.

Cette partie de meuble provient de l'église de Saint-Martin d'Angers.

23. Devant de bahut, du xve s., avec serrure du même style.

24. Une malle en cuir gaufré, avec dessins formés par des têtes de clous. Ce meuble est aux armes de France avec serrure en cuivre, représentant deux personnages de l'époque de Louis XIII.

25. Meuble-secrétaire du xviie s., avec incrustations d'écaille.

26. Table en bois avec fleurs gravées et pieds tournés. Époque de Louis XIII.

27. Meuble en deux parties, avec syrènes posées en manière de cariatides, et avec divers bas-reliefs représentant les attributs de la mer. xvie s.

28. Beau cabinet en ébène, de l'époque de Louis XIII, décoré à l'extérieur de panneaux gravés figurant des fleurs, et à l'intérieur de tiroirs de la même façon, avec coulisses formant théâtre.

29. Meuble à deux corps, ayant un fronton sculpté représentant des personnages portant des cornes d'abondance. Ce meuble est orné de panneaux avec attributs de la guerre.

30. Joli petit cabinet d'ébène, du XVIIe s., décoré à l'extérieur d'appliques en cuivre doré, et à l'intérieur de tiroirs ornés de peintures sur bois, représentant treize paysages d'un beau travail.

31. Cabinet d'ébène, du XVIIe s., décoré à l'extérieur de panneaux ouvrés, et à l'intérieur de tiroirs ornés de peintures sur bois, représentant onze paysages d'un bon travail.

SERRURERIE.

32. Un coffret en fer, en style de l'époque de Louis XII.

SCEAUX EN CUIVRE ET EN CIRE.

33. Un sceau en cuivre, de M. de Vaugirault, évêque d'Angers. — Un autre sceau en cuivre avec cette inscription : « Seel des actes des notaires, 1649. »

34. Quatre fragments de sceaux en cire jaune, aux armes de France. XVIIe s.

CUIVRES.

35. Huit planches de cuivre gravées, représentant deux évêques, dont l'un de la maison de Montmorency; plus trois cuivres héraldiques; un 6e figurant la Résurrection, le 7e divers dessins de monuments angevins, XVIIe et XVIIIe s., et le 8e représentant le portrait d'Eveillon.

36. Bas-relief en cuivre, représentant l'enfant Jésus dans la crèche. XVIIe s.

BRONZES.

37. Quatre petits bustes en bronze, montés sur piédestaux en marbre blanc, représentant divers personnages du XVIIIe s.

IVOIRES.

38. Couvercle en ivoire d'une râpe à tabac, avec un sujet mythologique en relief. xviii⁰ s.

39. Boîte carrée, incrustée de plaques d'ivoire, d'os et de nacre. xviii⁰ s.

TAPISSERIES.

40. Fragment d'une tapisserie ou plutôt d'une chappe. xvi⁰ ou xvii⁰ s. Plus six pièces de tapisseries, du xviii⁰ s., pour chaises.

41. Fragment d'une tapisserie en cuir gaufré, représentant l'Automne. Les personnages sont argentés sur fond d'azur. xviii⁰ s. Haut. 1ᵐ 12ᶜ, larg. 58ᵉ.

CUIRS GAUFRÉS.

42. Deux couvercles en cuirs gaufrés ayant servi de reliure, l'un représentant : « *Mathilde tombée au pouvoir* » *de Malek-Adhel;* » et l'autre : « *l'Amour qui en-* » *flamme Calypso et Eucharis.* »

MARBRES.

43. Statuette aux pieds de laquelle on lit : S. Giovanna. xvi⁰ s.

44. Statuette de marbre blanc, représentant saint Paul. xvi⁰ s.

45. Tête de Sauveur en marbre blanc. xvi⁰ s.

46. Tête de moine en marbre blanc. xvi⁰ s.

47. Statuette de sainte Barbe en albâtre, xv⁰ s., placée dans un encadrement de bois doré, du xviii⁰ s.

ALBATRES.

48. Bas-relief autrefois doré représentant une Ascension, en albâtre de Laguy. xvi⁰ s. Au bas on voit les initiales G. N.

49. Bas-relief autrefois doré représentant le Sauveur

portant sa croix, albâtre de Lagny. XVI⁰ s. Au bas on lit les initiales M. D.

50. Bas-relief représentant la trahison de Judas, en albâtre de Lagny. XVI⁰ s. Initiales G. M. Encadrement en bois doré.

PIERRES.

51. Groupe de cinq personnages représentant l'ensevelissement du Sauveur. XV⁰ s.

> Ce morceau, en pierre calcaire autrefois dorée, provient de l'église Saint-Maurice.

52. Fragment de pilastre, du XVI⁰ s., présumé provenir du tombeau de Jean Olivier, évêque d'Angers.

53. Un saint Blaise mitré, en pierre de tuf. XVI⁰ s.

TERRES CUITES.

54. Trois têtes en terre cuite, coloriées, la petite d'un beau travail du XVII⁰ s. Ecole de Biardeau.

ÉMAUX.

55. Email de Limoges, représentant saint André. XVII⁰ s.

56. Email de Limoges, du XVI⁰ s. Descente de Croix.

57. Email du XVI⁰ s. représentant Jésus-Christ devant Pilate.

58. La Vierge et l'Enfant Jésus : émail de Limoges. Ecole de N. Laudin aîné. XVII⁰ s.

59. Saint François : émail du XVII⁰ s.

60. Email de Limoges, du XVII⁰ s., rond.

61. Quatre émaux du XVIII⁰ s. représentant Flore, deux portraits et une promenade.

62. Email représentant d'un côté un paysage de la Romagne, et de l'autre Léda. XVIII⁰ s.

63. Médaillon orné d'une bordure de cuivre doré, représentant d'un côté le Sauveur Enfant et les saintes

femmes, sculptés en nacre, et, de l'autre, un sujet de paysans du moyen âge, peint sur vélin.

VITRAUX.

64. Un vitrail ovale du XVIIe s., représentant un évêque debout et portant sa crosse.

65. Un vitrail ovale, h. de 1^m 25^c, sur 90^c, composé de pièces de rapport, parmi lesquelles on remarque une douzaine de têtes, deux frises du XVIe s. et un sujet au bas duquel on lit :

« Une fontaine jette-t-elle d'une même source eau » doulce et amère? mes frères, un figuier peut-il » produire des olives, etc.? »
Au centre, un blason d'évêque, avec la date de 1662.

66. Un vitrail, composé de pièces de rapport, parmi lesquelles un Calvaire se fait remarquer. H. de 72^c, sur 40 de large.

VIGNETTES SUR VÉLIN.

67. Une vignette sur vélin, avec application d'or, représentant Jésus-Christ *en tout-puissant*, accosté des quatre symboles des évangélistes : *l'Ange, l'Aigle, le Lion* et le *Bœuf*. XVe s. Encadrement moderne.

68. Une Crucifixion peinte sur vélin, enroulée de guirlandes de myosotis. XVe s.

69. Une Crucifixion peinte sur vélin. XVe s.

70. Vignette de la fin du XVe s., enroulée d'arabesques, au centre desquelles on lit : « *Septem psalmi*, etc. » La lettre D dans *Domine*, renferme l'image de David jouant de la harpe. Cadre doré.

MANUSCRITS ENLUMINÉS.

71. Grande vignette représentant le Christ de Lucques, autrement dit de Nicodème.
Tout au bas, se trouvent vingt bouts rimés en forme de légende, donnant l'explication de ce curieux Christ

qui a son analogue dans la chapelle du château de la Bourgonnière, en Anjou. XVIe s.

72. Deux parchemins portant les armes de Anne de Montmorency, connétable de France, baron de Châteaubriant et de Candé.

L'aveu de la seigneurie de Neuville au regard du château de Candé y est mentionné.

73. Rôle écrit sur parchemin, avec vignettes. XVe s.

En tête, on lit : « Cy sensuit la généalogie de la » Bible qui monstre et dit combien chascun aage a » duré depuis le commencement du monde jusques à » l'advénement Jhesu-Crist...

»... Comment les Troyens descendirent de la lignée » Japhet...

» Et après, trouverez des Papes et des Empereurs » de Romme, et aussi des Roys de France et d'Angle-» terre et jusqu'en l'an mil CCCC cinquante et sept » (1457), et des Roys chrétiens qui ont régné en .» Jérusalem, puis Goudeffroy de Billon, etc... »

Après ce préambule, viennent : 1° six vignettes représentant la création du monde.

2.

« Comment Dieu fist Adam et Eve; quant les mau-» vais anges furent trébuchés. »

3.

Vignette d'Adam et d'Eve dans le paradis terrestre.

4.

Vignette représentant « comment Dieu les bousta » hors de paradis terrestre. »

5.

Vignette d'Adam labourant la terre.

6.

L'arche de Noé.

7.

Abraham, patriarche, portant mitre d'évêque.

8.

La tour de Babylone.

9.

Josué, premier preux.

10.

Destruction de Troye.

11.

David preux.

12.

Comment Eneas se mist en mer, et tant fit qu'il fut roy des Latins.

Plus trois autres vignettes, relatives aux Troyens.

13.

Destruction de Samarie.

Ce rôle généalogique et historique s'arrête à Romulus, le reste ayant été coupé.

IMPRESSIONS SUR SOIE.

74. Speech of Thomas Jefferson, president of the United States... 1801. Impression sur soie blanche.
Paris, printed at the English press.

CALQUES.

75. Deux cahiers de calques, par M. Thonnesse.
76. Un cahier de calques.

LITHOGRAPHIES.

77. Un lot de lithographies, de Delpech.

78. Choix de vues pittoresques, châteaux, etc., etc., recueillies dans le département de la Gironde, etc., etc., par C. Thienon.

79. Un lot de lithographies coloriées, représentant des paysages, etc., etc.

80. Un lot de lithographies coloriées.

81. Six lithographies coloriées, représentant des vues d'Italie.

GRAVURES ET LITHOGRAPHIES.

82. Douze gravures et lithographies concernant l'Anjou.

83. Un cahier composé de divers monuments, personnages angevins et autres.

84. Une liasse de dessins et gravures ayant appartenu à M. Thonnesse.

85. Vues de quelques monuments du département de l'Oise, par F. Villeneuve.

    Museum statuarum antiquarum, ou collection de statues de divers museums de Rome, Naples, etc.

86. Un cahier de gravures et lithographies, de Thomas, Launay, Mellan, Edelinck et autres.

87. Un lot de gravures et lithographies, représentant des études de paysages.

GRAVURES.

88. Recueil de gravures pieuses avec texte au bas. Paris, Leroy.

89. Six gravures d'après Berghem, Rubens, Lebrun, etc.

90. Cinq gravures d'après Rubens, Poussin, Ridinger et Paolo Pannini.

91. Six gravures représentant des chevaux, par Demarteau, d'après Vernet.

92. Un cahier de gravures mélangées.

93. Cahier de mélanges renfermant des études de paysages, etc., etc.

94. Mélanges de gravures, plusieurs concernant l'orfévrerie.

95. Un lot de gravures, de Duruisseau, Lambert, Rinaldi, Huet, etc., etc.

96. Un lot de gravures, sujets religieux, d'architecture, d'ornithologie, etc., etc.

97. Quinze têtes de femmes, gravées par Richardière, Bertrand, Nassol, Demarteau, Girard, Perrot.

98. Un lot de gravures représentant des têtes de femmes, d'après Lemire, Bourgeois, Grandin, Marvis et Chasselat.

99. Un lot de têtes d'études, d'après Reverdin, Barbier, Raphaël, Pierre et Greuze.

100. Un lot de gravures, de Perelle, Poilly, Pillemart, Francisque, Couché, Van Swanevelt, Chedel, Vivares.

101. Six gravures représentant des sujets religieux, d'après Pierre Dumay, Le Barbier, Rigaud et Delpêche.

102. Un lot de dix gravures, d'après Le Barbier, Parizeau, Boizeau, Taillasson, Gautherot, Cazenave, Guérin.

103. Un lot de quinze gravures, d'après Bourgeois, Reverdin, Lemire, Demarteau, Le Barbier, etc., etc.

104. Un lot de vingt gravures, d'après Le Barbier, Reverdin, Taillasson, Lemire, Vincent, Vauthier, etc.

105. Un lot de douze gravures, d'après Demarteau, Lemire, Roques, Bourgeois, Reverdin et Greuze.

106. Vingt gravures mélangées.

107. « Recueil de différents caractères de têtes dessinées » d'après la colonne Trajane, par François Boucher. » Plus trois gravures représentant des statues de Coustou et de Coysevox, et six gravures au trait, école flamande.

108. Un lot de vingt gravures, d'après Busset, Dubruste, Augrand, Julien, Greuze, etc., etc.

109. Huit gravures représentant des sujets religieux.

110. Vingt gravures, d'après Lordon, Greuze, Wille, Fillens, Galine, Heillman, Tischebein, Cipriani, Gandat.

111. Douze gravures, d'après Vanloo, de Lairesse, Kauff-mann, Rubens, Paul Veronese, Le Barbier, Prudhon, Cipriani, Wille, Lafage.

112. Un lot de six gravures, d'après Sablet, Ant. Dieu, etc., etc., y compris une estampe représentant la place Louis XV au xviiie s.

113. Curieux paysage, école flamande, avec une gravure d'après Salvator Rosa.

114. Sept estampes, d'après Breughel (1624), Lafage, Wille, Coypel, Berghem.

115. Cinq gravures, d'après Fisher, Perelle, Head, Bruyn.

116. Dix gravures (sujets religieux), dont sept anciennes, d'après Poussin, etc., etc.

117. Dix gravures (sujets religieux), d'après Bourdon, Pierre Poussin, Malhouré, etc., etc.

118. Dix gravures (sujets religieux), d'après Rubens, Guido Reni, Jouvenet, Andray, etc.

119. Dix gravures (sujets religieux), d'après Lebrun, Rubens, de Champaigne, Guillebault.

120. Douze gravures (sujets religieux), d'après Boucher, Sadeler, Cornelio (1571) Mignard, l'Albane.

121. Un lot de gravures mélangées.

122. Quinze gravures, d'après Vignon, représentant des héroïnes.

123. Dix gravures, la plupart à la manière noire, représentant des sujets de l'antiquité.

124. Pinacotheca Hamptoniana, recueil composé de sept magnifiques gravures, d'après Raphaël.

125. Huit estampes, d'après D. Vos, Cort (1575) et Raphaël.

126. Vingt estampes mélangées, d'après Littret, Le Barbier, Perée (1797), Poussin, Aveline, de la Hyre, de Poilly, Landry, etc.

127. Quinze gravures représentant des prophètes, plus sept estampes, d'après Lebrun, Titien, Suavius, de la Hyre.

128. Un recueil de onze gravures coloriées, représentant des emblêmes des onze premiers mois de l'année, publié en 1730; plus quatre gravures, d'après Greuze, l'Albane, et six planches anatomiques.

129. Vingt études de fleurs, d'après Prevost.

130. Quinze études de fleurs, la plupart coloriées, d'après Baptiste.

131. Vingt portraits de grands hommes, d'après Simonneau, Deligne, de Troy, Lange, Mellan, Roslin, Rigaud, etc.

132. Estampes mélangées, d'après Fragonard, Carème, Boucher, Hoare, Natoire, Falconet, Jouvenet, Mellan, Verdier.

133. Dix portraits, d'après Jouvenet, Autreau, Rigaud, Duplessis et Vanloo.

134. Quatre gravures d'après l'Albane, une d'après Moreau, et six autres d'après Carrache, Rubens, de Cany et Sasso Ferrato.

135. Gravures mélangées.

136. Un cahier de petites gravures représentant une série de personnages historiques.

137. Recueil de chevaux de tous genres, dessinés par Carle et Horace Vernet, et gravés par Lévaches.

138. Un lot de gravures, de Bartolozzi, de Bettelini, de Lorieux, de Benjamin, de Legrand, etc., etc.

139. Un cahier de gravures représentant les grands hommes de l'antiquité et des temps modernes.

140. Cahier de gravures intitulé : Almanach iconologi-
que pour l'année 1770, par Gravelot.

141. Cahier de gravures représentant les caractères des
passions, d'après Lebrun et par Audran, 1727.

142. Un lot de gravures, de Duclos, de Masquelier, etc.
Mélanges.

143. Un cahier de mélanges, composé principalement
d'études de fleurs.

144. Un cahier composé : 1° de gravures, de Sylvestre,
représentant divers points de vues et édifices de Paris, etc., etc.; 2° et de mélanges parmi lesquels on
remarque des gravures de Sadeler, d'après Breughel
(Jean), et d'autres de Perelle, de Vifscher.

145. Un cahier de différentes compositions, d'après les
dessins de L.-F. La Rue, gravées par Parizeau, 1771.

146. Un cahier de gravures, de Marchand, de Vivares, etc.,
avec quelques lithographies.

147. Lot de gravures, de Marchand, Gamble et Chevilet.

148. Une collection d'études, gravées par Demarteau et
Janisset.

149. Trois gravures de Picart (années 1718, 1719 et
1720), une d'Audran, et plusieurs autres de Leclerc,
Israël, Sylvestre; plus trois de Callot.

150. Quatre estampes coloriées, d'Hamilton, gravées par
Ogborne.

151. Un cahier : « *Varie architecture D.-J. Francesco*
» *Fanelli Fiorentino scultore del re della gran Bre-*
» *tagne.* » Paris, 1664; plus une gravure de *l'alleluya*
français ou « l'assemblée des États-généraux tenue à
» Versailles au 5 mai 1789. »

152. Un cahier représentant des costumes, par Salvator
Rosa. — Un autre renfermant des études de dessins.

153. Un cahier d'ornements. — Autre intitulé : Caractères

des passions, de Lebrun. — Autre pour construction de
tombeaux. — Autre de figures pour apprendre à dessiner à la plume (1726).

154. Petit cahier de gravures, de Martin de Vols, dont
les motifs ont été tirés des Métamorphoses d'Ovide.

155. Un recueil de personnages, plus trois gravures représentant la place Louis XVI, le port Maillard et la
Colline de Gigant.

156. Principes de dessin, par Thonnesse, de Dijon, élève
couronné de l'Ecole romaine, professeur de peinture
et de dessin au Prytanée militaire de la Flèche, dédiés
à ses élèves, gravés par Gérard fils et J. Marchand. —
M. Thonnesse avait été professeur libre à Angers.

157. Un cahier de modèles pour divers compartiments, à
l'usage des plafonds, voûtes et parquets; plus un recueil de chiffres, inventés par Saint-Aubin.

158. Douze gravures, qui sont des motifs d'incrustations
pour meubles, boîtes, etc.

159. Sept têtes d'études.

160. Une liasse de gravures représentant des oiseaux.

161. Un petit cahier de gravures représentant les caractères des passions, pris sur les dessins de Lebrun; plus
un cahier de trophées pour les bijoutiers et graveurs.

162. Un lot de gravures d'après l'antique.

163. Un lot de gravures représentant divers ornements
et masques, d'après Charmeton, peintre, etc. 1676.

164. Quinze gravures de saints; plus la gravure repré-
tant « la série supérieure de la grande composition
» peinte pour l'église de Saint-Jean, à Gand, par
» Hubert Van Eyck. »

165. Huit gravures représentant divers sujets, tels que
les Panathenées, etc., etc.

166. Dix gravures représentant divers ornements d'architecture moderne.

167. Neuf gravures représentant les sculptures de la chapelle de Saint-Ambroise et autres.

168. Cinq frontons de la place Royale de Bordeaux.

169. Un lot de gravures, d'après David, Raphaël, Lemire, Bourgeois, Sauvé, Chery, Buguet, Garneray, Vaulthier.

170. Joli petit recueil de gravures, de Callot, représentant la vie de J.-C., relié en cuir rouge doré.

GRAVURES SOUS VERRE.

171. Gravures encadrées : deux médaillons, école anglaise.

172. Gravure sous verre : sainte Cécile.

173. Deux gravures sous verre : sujets religieux.

174. Gravures encadrées : un lot de deux gravures sous verre.

175. Deux gravures sous verre, d'après Fragonard.

176. Gravure sous verre, d'après Fragonard.

177. Deux gravures sous verre, par Bervic et Pilment fils.

178. Gravures encadrées : quatre portraits de philosophes, du XVIIIe s.

179. Gravures encadrées : un lot de cinq gravures et dessins, sous verre.

180. Gravures encadrées : un lot de six gravures sous verre, d'après Guido Reni et autres.

181. Gravure sous verre, d'après Cipriani.

DEUXIÈME DIVISION.

TABLEAUX ET DESSINS.

ÉCOLES DIVERSES.

182. La Conversion de saint Paul, par Laurent de La Lyre. Bois. Hauteur 48 c. Largeur 38 c.

183. Paysage, école des Milet. Toile ovale. H. 30 c. L. 25 c.

184. Tableau de fruits, par Desportes. Toile. H. 57 c. L. 48 c.

185. Femme brodant une écharpe. Attribué à Chardin. Toile. H. 30 c. L. 25 c.

186. Paysage, école des Milet, pendant du n° 183. Toile ovale. H. 30 c. L. 25 c.

187. Portrait de Lefevre du Tusseau, avocat au siége présidial, et conseiller de la Prévôté d'Angers. H. 50 c. L. 40 c.

188. Fleurs, par Baptiste Monnoyer. Toile. L. 80 c. H. 64 c.

189. Portrait de Rigaud, peint par lui-même; esquisse. Toile collée sur bois. H. 20 c. L. 15 c.

190. Louis XIV enfant et Anne d'Autriche recevant les hommages du grand Condé; grisaille attribuée à Lebrun. Bois. L. 34 c. H. 28 c.

191. Un Religieux en prière; esquisse. Bois. H. 29 c. L. 14 c.

192. Danse de Nymphes, par Chaperon. Toile. L. 45 c. H. 36 c.

193. Portrait de femme. Attribué à Rigaud. Toile ovale. H. 75 c. L. 57 c.

194. Paysage. Toile. L. 63 c. H. 50 c.

195. Pêche à la ligne, par l'un des Bassan. Toile. H. 52 c. L. 42 c.

196. Portrait de Sentout, peint par lui-même (1774). Toile. H. 65 c. L. 54 c.

197. Un sainte famille, par Van Balen. Cuivre hexagone, H. 36 c. L. 20 c.

198. Portrait de femme, genre de Tournières. Toile. H. 37 c. L. 28 c.

199. Andromaque au tombeau d'Hector. Toile. L. 40 c. H. 30 c.

200. Esquisse du portrait d'un maréchal, par Rigaud. H. 38 c. L. 30 c.

201. Deux tableaux, grisailles; esquisses de l'école de Crayer. Toiles. L. 28 c. H. 18 c.

202. Paysage, par Patel. Bois, forme ronde. Diam. 18 c.

203. Tête d'étude. Toile. H. 40 c. L. 32 c.

204. Tête de vieillard, par Germain Drouais, premier peintre de M. le comte de Provence. Toile. H. 42 c. L. 33 c.

205. Paysage; une femme en méditation assise au milieu de plusieurs tombeaux, par Gérard de Lairesse. Toile. L. 55 c. H. 45 c.

206. Éliezer et Rebecca, par Seb. Bourdon. Toile.
L. 55 c. H. 45 c.

207. Quatre tableaux ovales, peints par Delacroix. Savoir : l'Aurore, le Midi, le Coucher du Soleil et la
Nuit. Toile. H. 47 c. L. 37 c.

208. L'entrée d'une forêt. Bois. L. 24 c. H. 21 c.

209. Deux tableaux sur cuivre, Jésus et la Vierge. Ovales.
H. 15 c. L. 12 c.

210. Paysage, par Budelot. Bois. L. 59 c. H. 45 c.

211. Tête de vieillard. Bois ovale. H. 40 c. L. 30 c.

212. Paysage peint sur carton. L. 27 c. H. 22 c.

213. Paysage arrosé par une rivière. Toile. L. 40 c.
H. 32 c.

214. Paysage avec Renaud et Armide. Bois. H. 25 c.
L. 18 c.

215. Deux paysages peints sur carton, par un Allemand.
L. 19 c. H. 14 c.

216. Une laveuse. Toile. H. 40 c. L. 32 c.

217. Louis XIV jeune homme. Toile. H. 40 c. L. 32 c.

218. Paysage avec figures dans le goût de Duplessis-
Bertaux, pendant du n° 208. Bois. L. 23 c. H. 21 c.

219. Tête de femme. Toile. H. 20 c. L. 17 c.

220. Paysage, par Bruandet. Bois. H. 22 c. L. 14 c.

221. Portrait de femme représentée sous les attributs de
Diane. Bois. H. 23 c. L. 18 c.

222. Sainte famille, gouache, par Mancille Boullogne
(1655). L. 15 c. H. 14 c.

223. Portrait présumé celui de Mme Deshoulières. Cuivre.
H. 24 c. L. 18 c.

224. Deux têtes de mouton, par Thonnesse; esquisse.
Toile. L. 33 c. H. 23 c.

225. Paysage; école du Guaspro. Toile. L. 45 c. H. 37 c.

226. Paysage représentant les ruines du château de la Vallière. Toile. L. 38 c. H. 31 c.

227. Tête d'étude, copie d'après Greuze. Toile. H. 42 c. L. 32 c.

228. L'Annonciation, médaillon carré, gouache par Mancine Boullogne.

229. Une bergère. Toile marouflée sur carton. H. 24 c. L. 16 c.

230. Un soldat de l'Empire; peinture sur porcelaine. Médaillon.

231. Deux petits paysages. Toile marouflée sur bois. L. 13 c. H. 9 c.

232. Un vase de fleurs, par Baptiste Monnoyer. Toile. H. 90 c. L. 72 c.

233. La Vierge et le Sauveur; école de Champaigne. Deux tableaux de forme ovale. Toile. H. 63 c. L. 50 c.

234. Un portrait de jeune homme. Toile. H. 18 c. L. 13 c.

235. Étude de chien. Petit médaillon, papier.

236. La Madeleine. Toile ovale. H. 23 c. L. 18 c.

237. La Trinité. Bois carré. 20 c.

238. Tête de Vierge. Toile. H. 30 c. L. 22 c.

239. Portrait d'un guerrier du siècle de Louis XIV. Toile. H. 60 c. L. 49 c.

240. Saint Pierre, pendant du n° 236. Toile, forme ovale. H. 23 c. L. 18 c.

241. Paysage; école du Guaspro, pendant du n° 225. Toile. L. 45 c. H. 36 c.

242. Marine d'après Vernet. L. 1 m. 27 c. H. 95 c.

243. Portrait présumé celui de Mme de Joinville. Toile. H. 40 c. L. 21 c.

244. Saint Bruno en prière, style de Le Sueur. Toile. H. 57 c. L. 45 c.

245. Judith tenant la tête d'Holopherne; style de Gennari. Toile. H. 93 c. L. 70 c.

246. Le songe de saint Joseph; esquisse attribuée à Le Sueur. Toile. H. 49 c. L. 31 c.

247. Deux paysages, sites d'Italie; genre de Rysbraeck. Toile. L. 85 c. H. 47 c.

248. Une escarmouche, par Charles Parrocel; esquisse. Toile. H. 53 c. L. 44 c.

249. L'entrée d'un port; genre de Zeeman. Toile. L. 84 c. H. 55 c.

250. Étude d'académie, genre de Van Loo. Toile. H. 63 c. L. 52 c.

251. Les disciples d'Emmaüs; esquisse attribuée à Restout. Toile. H. 60 c. L. 42 c.

252. Paysage attribué à Van Artois. Toile. L. 1 m. 15 c. H. 92 c.

253. Portrait présumé celui de Blanche de Tournon, veuve de Jacques de Coligny. Toile. H. 55 c. L. 45 c.

254. Saint François de Sales. Carton. H. 17 c. L. 13 c.

255. Portrait de Louis XIV, d'après Rigaud. Toile. H. 97 c. L. 80 c.

256. Tête d'étude. L. 23 c. H. 21 c.

257. Une chasse au cerf. Bois. L. 85 c. H. 42 c.

258. Une chasse au lion. Bois. H. 55 c. L. 50 c.

259. Deux portraits de la famille Verdier de la Miltière. Toile. H. 77 c. L. 65 c.

260. Portrait de Louis XIV. H. 40 c. L. 31 c.

261. Portrait d'homme. Toile, forme ovale. H. 75 c. L. 57 c.

262. Jésus dormant sur la croix. Toile. H. 53 c. L. 42 c.

263. Portrait de femme, par Thonnesse. Toile. H. 45 c. L. 38 c.

264. Fleurs. Ouvrage attribué à Baptiste Monnoyer. Toile. L. 1 m. H. 90 c.

265. Tête d'étude. Petit médaillon.

266. Portrait présumé celui de Mme de Vendôme. Toile. H. 45 c. L. 36 c.

267. Zénobie sauvée par des bergers; école du Poussin. Toile. L. 52 c. H. 42 c.

268. Le Crucifiement de saint Pierre, à l'instar du Carravage. Cuivre. H. 40 c. L. 32 c.

269. David présentant la tête de Goliath. H. 42 c. L. 32 c.

270. La Vierge, saint Jean et les saintes femmes pleurant la mort de Jésus. Toile. H. 40 c. L. 36 c.

271. Paysage, par Francisque Milet. Toile. L. 26 c. H. 18 c.

272. Prédication de saint Antoine de Padoue. Toile. L. 60 c. H. 42 c.

273. Repos de la sainte famille. Toile. H. 40 c. L. 32 c.

274. Alexandre visitant Diogène; école de Guerchin. Toile. L. 60 c. H. 45 c.

275. Les enfants dans la fournaise; école des Bassan. Toile. H. 52 c. L. 42 c.

276. Une Bacchanale; école du Poussin. Toile. H. 32 c. L. 23 c.

277. La chaste Suzanne, tableau attribué au Padovanino. Toile. H. 1 m. 30 c. L. 1 m.

278. Un moine en extase, attribué au Guide. Toile marouflée sur bois. H. 15 c. L. 12 c.

279. Vierge peinte sur papier. H. 15 c. L. 11 c.

280. Pâtres conduisant des bestiaux; genre de Benedette. Toile. L. 1 m. 50 c. H. 1 m.

281. Sujet inconnu; école de Franc Floris. Bois. L. 1 m. 25 c. H. 95 c.

282. La Vierge et Jésus encadrés dans un tuf, tableau attribué à Romanelli. Toile. H. 22 c. L. 19 c.

283. La Conversion de saint Paul, par un Flamand à l'inspiration de Jules Romain. Bois. L. 58 c. H. 35 c.

284. Un Évêque. Cuivre. H. 21 c. L. 15 c.

285. Tête de Jésus. Bois. H. 33 c. L. 23 c.

286. Un saint en extase. Toile. H. 32 c. L. 22 c.

287. Tête de vieillard. Bois. H. 23 c. L. 19 c.

288. Ecce Homo. Cuivre. H. 20 c. L. 15 c.

289. Une Pieta; école d'Annibal Carrache. Toile. L. 43 c. H. 35 c.

290. La Visitation, par un Flamand à l'imitation d'Alexandre Allori. Bois. H. 36 c. L. 26 c.

291. Une sainte famille, composition à l'instar de Raphaël. Toile. H. 36 c. L. 28 c.

292. L'Ange gardin. Toile. H. 17 c. L. 12 c.

293. Portraits d'un Pape et de quatre Cardinaux. Toile. L. 25 c. H. 16 c.

294. Voyage de la sainte famille. Cuivre. H. 21 c. L. 15 c.

295. Mise au tombeau, d'après Antoine Stella. Toile. H. 43 c. L. 37 c.

296. Conversion de saint Paul. Attribué à Pierre Lucatelli, élève de Pietre de Cortone. Toile. H. 1 m. 10 c. L. 90 c.

297. Saint Jérôme, par un Français, à l'instar de Lanfranc. Toile. H. 90 c. L. 70 c.

298. Un enfant dormant appuyé sur une tête de mort, auprès d'un sablier; emblèmes de la vie et de la mort. Imitation du Guide. Toile. L. 56 c. H. 43 c.

299. Saint François en extase. Toile. H. 1 m. 5 c. L. 87 c.

300. Paysage; école de Both. Toile. L. 1 m. 12 c. H. 95 c.

301. Saint François en extase entend un concert d'anges. Attribué à Augustin Carrache. Toile. H. 47 c. L. 35 c.

302. Une corbeille de fleurs, par Maria del Fiori. Toile. L. 44 c. H. 36 c.

303. Saint François en prière. Cuivre. H. 20 c. L. 14 c.

304. Paysage avec ruines. Bois. L. 27 c. H. 22 c.

305. Mater dolorosa, manière de Schoorel. Bois ovale. H. 38 c. L. 29 c.

306. Sujet biblique. Toile. H. 50 c. L. 40 c.

307. Madeleine repentante; figure vue à mi-jambes et de grandeur naturelle. Ecole du Guerchin. Toile. L. 1 m. 16 c. H. 93 c.

308. Saint François en prière devant un crucifix. Bois. H. 63 c. L. 47 c.

309. La tunique de Joseph présentée à Jacob. Demi-figures, de grandeur naturelle. Toile. L. 1 m. 26 c. H. 95 c.

310. La Vierge, l'enfant et le petit saint Jean. Bois. H. 35 c. L. 22 c.

311. La Salutation angélique; demi-figures. Toile. L. 1 m. 10 c. H. 92 c.

312. L'entrée d'une forêt; paysage attribué à Huysmans. Toile. L. 50 c. H. 36 c.

313. Deux pénitents; style de Carl Loth. Toile. L. 1 m. 15 c. H. 95 c.

314. Un homme et une dame, à cheval, par Maas. Bois. H. 15 c. L. 12 c.

315. Un docteur de l'Église; école de Ribera. Toile. H. 1 m. L. 80 c.

316. Saint Pierre. Toile. H. 63 c. L. 52 c.

317. La Géométrie, sous les traits d'une femme ayant une boussole à la main. H. 23 c. L. 18 c.

318. L'Histoire, par une femme indiquant une phrase citée dans un livre. Toile. H. 25 c. L. 17 c.

319. L'Astronomie, par une femme portant une longue-vue. Toile. H. 24 c. L. 19 c.

320. La Vierge et l'Enfant Jésus entourés de fleurs; genre de Franck. Cuivre. H. 27 c. L. 20 c.

321. La Vierge et l'Enfant. Cuivre. H. 22 c. L. 18 c.

322. Une religieuse occupée d'une lecture pieuse. Bois. H. 62 c. L. 47 c.

323. Fruits. Morceau attribué à Desportes. L. 82 c. H. 66 c.

324. La Vierge allaitant son fils. Bois. H. 64 c. L. 45 c.

325. Tableau en huit compartiments. Sujets de l'Histoire Sainte; école des Franck. Bois. L. 63 c. H. 52 c.

326. Une vue des bords de la Meuse. L. 55 c. H. 38 c.

327. Un campement; manière de Jean Miel. L. 65 c. H. 49 c.

328. Paysage, site montagneux. Toile. L. 78 c. H. 63 c.

329. La Samaritaine. Toile ovale. H. 1 m. L. 85 c.

330. Paysage, par Mathieu Brill. Toile. L. 1 m. 25 c. H. 85 c.

331. Le reniement de saint Pierre, d'après Honthorst. L. 1 m. 70 c. H. 1 m. 20 c.

332. Paysage. Toile. L. 54 c. H. 44 c.

333. Point de vue d'un château avec ses dépendances; paysage animé de figures peintes dans le goût de Breughel. Bois. L. 35 c. H. 26 c.

334. Deux anges présentant des fruits et des fleurs à l'enfant Jésus assis sur les genoux de sa mère qui se

repose à l'ombre d'un grand arbre; par Breughel et Van Balen. Cuivre parqueté. L. 35 c. H. 26 c.

335. La Visitation. Bois. H. 17 c. L. 14 c.

336. Des bestiaux rentrant à l'étable; par Van Bloemen. Toile. L. 54 c. H. 40 c.

337. Prise de Jérusalem. Toile. L. 1 m. 48 c. H. 1 m. 10 c.

338. Portrait d'homme représenté la tête nue et portant la moustache. Bois. H. 44 c. L. 37 c.

339. La fille d'Hérodiade dansant devant Hérode; attribué à Otto Venius. Bois. L. 74 c. H. 52 c.

340. Un homme tenant une croix. Cuivre. H. 15 c. L. 12 c.

341. Cheval à l'abreuvoir, fragment peint sur papier. Ovale. L. 18 c. H. 13 c.

342. Paysage baigné par une rivière. Bois. L. 57 c. H. 45 c.

343. Fruits de différentes sortes, déposés sur une table. Bois. L. 70 c. H. 48 c.

344. Le maréchal ferrant, par Van Bloemen; pendant du n° 336. Toile. L. 58 c. H. 42 c.

345. La récolte des pommes; paysage. Toile. L. 60 c. H. 50 c.

346. Un pâturage; attribué à Louterbourg. Bois. L. 25 c. H. 17 c.

347. Une religieuse; médaillon de forme ovale. Toile. H. 21 c. L. 17 c.

348. L'Adoration des Mages, par Van Balen. Cuivre forme hexagone. L. 21 c. H. 16 c.

349. Scène d'incendie, par Escouck. Bois. H. 23 c. L. 18 c.

350. Descente de croix. Cuivre. H. 30 c. L. 23 c.

351. Paysage peint sur carton. L. 22 c. H. 17 c.

352. Les apprêts de la sépulture ; par Franck. Cuivre.
H. 30 c. L. 24 c.

353. Scène de Fumeurs. Toile. H. 36 c. L. 28 c.

354. Scène de table. Toile. H. 36 c. L. 27 c.

355. Paysage ; genre de Vander Hagen. Bois. H. 19 c.
L. 16 c.

356. Isaac bénissant Jacob. Cuivre. H. 25 c. L. 16 c.

357. Tête d'un jeune paysan. Toile. H. 36 c. L. 30 c.

358. Paysans attablés à la porte d'un cabaret ; d'après
Téniers. Papier, médaillon.

359. L'abord d'une chaumière. Bois, médaillon carré.

360. Tête d'étude. H. 45 c. L. 36 c.

361. Deux pâtres gardant un troupeau ; genre de Melchior
Roos. L. 56 c. H. 40 c.

362. Jésus en croix. Bois. H. 32 c. L. 23 c.

363. Joueurs de cartes ; école de Téniers. Toile. L. 42 c.
H. 33 c.

364. Salomon sacrifiant aux idoles ; par François Franck.
Bois. L. 73 c.

365. Moïse frappant le rocher ; par Jean Rottenhamer.
Bois. L. 75 c. H.55 c.

366. Fruits. Bois. L. 72 c. H. 55 c.

367. Un pâturage ; esquisse dans le genre de Kobell. Bois.
L. 24 c. H. 18 c.

368. Fleurs déposées dans un vase. Bois. H. 34 c. L. 25 c.

369. Les chevaux de halage ; par de Noter. Bois. L. 30 c.
H. 26 c.

370. Tête de vieillard ; par Trautmann. Bois. H. 22 c.
L. 19 c.

371. Le dénicheur de nids. Toile. H. 24 c. L. 21 c.

372. L'apparition de l'Ange à David; par Victoors, élève de Rembrandt. Toile. H. 1 m. 15 c. L. 1 m.

373. Jésus en croix; école de Van Dyck. Toile. H. 80 c. L. 63 c.

374. Paysage; attribué à Vander Kabel. Toile. H. 95 c. L. 92 c.

375. Paysage à l'imitation du Guaspre. Toile. L. 59 c. H. 49 c.

376. Site d'Italie. Sur le premier plan, deux villageois et des bestiaux; école de Berchem. Toile. L. 1 m. 15 c. H. 79 c.

377. Portrait d'homme; imitation de Van Dyck. Toile. H. 45 c. L. 36 c.

378. Sujet allégorique; par Erasme Quellinus. Bois. H. 1 m. L. 71 c.

379. Jésus, se rendant au calvaire, succombe sous le poids de sa croix. Cuivre. L. 72 c. H. 48 c.

380. Baptême de Notre-Seigneur; par Séb. Franck. Cuivre. H. 35 c. L. 28 c.

381. Saint Jérôme. Grisaille, Bois. H. 50 c. L. 35 c.

381 *bis.* La marchande de fleurs; par Lancret. Toile. H. 40 c. L. 32 c.

382. Deux tableaux, apportés d'Angleterre en 1799, par M. Théard, chanoine d'Angers; attribués à Reynolds. H. 16 c. L. 13 c.

383. Un évangéliste. Cuivre. H. 22 c. L. 17 c.

384. La lisière d'un bois. H. 56 c. L. 43 c.

385. Tête de religieux, dans un cartouche. Toile. H. 1 m. 18 c. L. 96 c.

386. Paysage; effet de soleil couchant. Toile. L. 30 c. H. 25 c.

387. Une Kermesse. Toile. L. 1 m. 5 c. H. 70 c.

388. Deux tableaux; têtes de Vierge et de Christ. Cuivre.
H. 18 c. L. 15 c.

389. Sainte tenant un crucifix. Cuivre. H. 15 c. L. 11 c.

390. Un saint. Cuivre. H. 8 c. L. 7 c.

391. Quatre attiques, médaillons et fleurs. Toile. H. chacun 1 m. 23 c. L. 48 c.

392. Tête de Vierge. Toile. H. 31 c. L. 24 c.

393. Tête d'étude. Toile. H. 52 c. L. 42 c.

394. Un engagement, esquisse. Toile. L. 62 c. H 45 c.

395. Une corbeille de fleurs. Toile collée sur bois. L. 57 c. H. 50 c.

396. La Résurrection. Toile. H. 64 c. L. 37 c.

397. Jésus enfant, tenant un globe. Cuivre. H. 22 c. L. 16 c.

398. La Circoncision. Cuivre, médaillon.

399. La Musique, personnifiée sous les traits d'une femme pinçant de la guitare. Tableau faisant suite aux nᵒˢ 317, 318 et 319. Toile. H. 25 c. L. 20 c.

400. Trois médaillons.

401. Le Sauveur du monde donnant la bénédiction. Toile. H. 60 c. L. 50 c.

402. Tête d'étude, vue de profil. Toile. H. 38 c. L. 30 c.

403. Le Calvaire. H. 70 c. L. 43 c.

404. Jésus en croix et la Madeleine en pleurs. Toile. H. 80 c. L. 63 c.

405. St Pierre; attribué à Honthorst. Toile. H. 60 c. L. 50 c.

406. Tête de Vierge; genre de Gueldorp. Bois. H. 37 c. L. 32 c.

407. Une bataille; école du Bourguignon. Toile. L. 86 c. H. 34 c.

407 *bis*. La Vierge tenant l'Enfant Jésus endormi sur son sein; attribué à Carl Maratte. Toile.

DESSINS DES DIVERSES ÉCOLES.

408. Deux paysages peints à la gouache.

409. Vue de la barrière des Champs-Élysées. Trait colorié.

410. Paysage, par Huet. Gouache.

411. Paysage, par M. Hawke. Aquarelle.

412. Deux vues du château de l'Ile-Adam. Gouache.

413. Scène d'intérieur. Trait colorié.

414. Deux portraits au pastel.

415. Scène grivoise. Gouache.

416. Scène de cabaret. Aquarelle.

417. Le couronnement de la Vierge; ancienne miniature sur vélin.

418. Tête d'étude. Sanguine.

419. Portrait de femme, par Mlle Bouillard. Estampe au crayon.

420. La bonne mère, par Charpentier, dans le goût de Greuze. Estompe et crayon.

421. Pan et Syrinx. Lavis.

422. Six religieux, par Ph. de Champaigne. Sanguine.

423. Intérieur d'un temple. Lavis.

424. Paysage, par Sablet. Lavis rehaussé de blanc.

425. Scène galante. Gouache.

426. Vue d'un pont. Gouache.

427. Paysage. Gouache.

428. Philippe IV, instituant le Parlement de Toulouse, par La Fage-Raimond. Plume et lavis.

429. Paysage, par Robert. Gouache.

430. Diane et Endymion, par de La Hyre. Plume et lavis.

431. Sujet biblique, école d'Italie. Sépia.

432. Un marchand de gibier. Crayon noir.

433. Satyre allégorique. Dessin aux trois crayons.

434. Portrait de femme. Crayon noir.

435. Portrait de jeune homme, par Carle Vanloo. Crayon rouge et noir.

436. Un pèlerin. Crayon rouge.

437. Dessin à la mine de plomb; Perefixe, archevêque de Paris, mort en 1690, par Nanteuil (1680).

438. Un Zéphir. Crayon rouge.

439. Paysage. Aquarelle.

440. Paysage. Gouache.

441. Scène galante. Plume et lavis.

442. La diseuse de bonne aventure, par Le Prince. Sépia.

443. Paysage. Lavis.

444. Deux Amours. Crayon rouge.

445. Paysage. Plume.

446. Composition mythologique, par Desmarets. Plume et lavis.

447. Apollon et Thalie, par de La Fosse. Crayon rouge et noir.

448. Jésus en croix, par Girardon. Crayon noir et plume.

449. Joueur de violon. Crayon noir.

450. Deux figures de femme; attribué au Poussin. Crayon noir.

451. Saint Jérôme dans le désert; attribué au Titien. Plume et lavis.

452. Un Amour. Crayon rouge.

453. Deux moutons et une chèvre, par Palmiéri. Plume.

454. Sujet mythologique. Crayon noir.

455. Le Père tout puissant; style de Raphaël. Sépia.

456. Une sainte famille; attribué à Stella. Plume et lavis.

457. La Madeleine. Crayon noir.

458. Daniel dans la fosse aux lions, par Solimène. Plume et lavis.

459. Gloire de la Vierge; attribué à Palme le jeune. Plume et lavis.

460. Paysage, par Bolognèse. Plume.

461. Sujet antique; attribué à Jules Romain. Plume et lavis.

462. Deux paysages. Lavis.

463. Paysage. Crayon rouge.

464. Un intérieur flamand. Estompe et crayon.

465. La lanterne magique, par Escouck. Sépia.

466. Les travaux d'Hercule. Trois dessins à l'estompe et au crayon rouge.

467. Un lot de dessins, calques, gravures, etc. Trente et une pièces.

468. Un lot de vingt-deux dessins d'écoles diverses.

469. Un lot de six dessins au crayon et une gravure; d'écoles diverses.

470. Deux dessins et une gravure.

271. Une vue du château d'Angers et deux gravures coloriées.

472. Un lot de trois dessins encadrés.

473. Une gouache et un dessin.

474. Trois dessins encadrés formant un lot.

474 *bis.* Deux dessins, dont un de La Fage.

BIBLIOTHÈQUE.

—

THÉOLOGIE.

MISSELS, RITUELS ET HEURES.

475. Heures nouvelles, tirées de la Sainte Écriture, gravées par L. Senault. *Paris, Claude de Hansy.* Reliure dorée, in-8°.

476. Réflections sur quelques paroles de J. C., impression en lettres penchées, dédiées à Mme de Maintenon. *Paris, Bonnart.* In-12, v.

477. Nouvelles Heures gravées au burin, dédiées au roi, par M. Duval. xviie s. *Paris, Mariette.* In-12, v.

478. Heures de la fin du xve s., écrites sur vélin, décorées d'arabesques variées à chaque page, et de plusieurs jolies vignettes. Manuscrit.

479. Heures de la fin du xve s., écrites sur vélin, incomplètes. Manuscrit.

480. Fragment d'un Antiphonaire sur parchemin, avec les notes du plain-chant. xve s. Manuscrit.

481. Fragments de plusieurs Antiphonaires sur parchemin, dont un avec vignettes. xve et xvie s. Manuscrits.

482. Feuilles détachées d'un livre d'Heures, manuscrit sur vélin, du commencement du xviᵉ s.

483. Plaquette écrite sur vélin en lettres cursives du xvᵉ s. On lit en tête : « Incipit tractatus Seraphici et » devotissimi docti sancti Bonaventure ordinis Mi- » norum de corpore Cristi. » Reliure aux armes de France. Manuscrit.

JURISPRUDENCE.

484. Manuscrit. « Traitté de la communauté de biens » d'entre le mari et la femme, par Claude Pocquet de » Livonnière, conseiller du roi, juge, magistrat en la » sénéchaussée d'Anjou et siége présidial d'Angers, » docteur, professeur du droit françois en l'Université » de ladite ville. »

On lit sur la feuille de garde : « Copié sur une co- » pie tirée de l'original manuscrit (1752). »

Et dans l'avis au lecteur : « Quoique ce Traité n'ait » jamais été imprimé, il se trouve néanmoins entre » les mains de presque tous les particuliers de cette » ville (d'Angers). L'auteur l'a dicté a des écoliers » dans les écoles du droit..... Mais on peut dire que » de tant d'exemplaires qui s'en font tous les jours, il » est rare d'en trouver de corrects et pareils à celui- » ci..... etc., etc. »

Ce manuscrit renferme plus de 150 pages in-folio.

BELLES-LETTRES (1).

485. Publii Virgilii Maronis Poemata novis scholiis illus- trata quæ Henr. Steph. partim dominata, partim virorum doctissimorum libris excerpta dedit anno MDLXXXIII, doré sur tranche. In-12, v.

---

(1) Dans les cinq grandes divisions bibliographiques, *les belles-lettres* n'occupent ordinairement que le nᵒ 4. Nous avons cru devoir ici leur don- ner le troisième rang, parce qu'ayant peu d'articles à placer sous ce titre et sous les deux premiers (théologie et jurisprudence), nous group- pons ensemble, pour plus de commodité, *les sciences et arts et l'histoire* qui en ont ici davantage.

486. OEuvres choisies de Joachim du Bellay, précédées
d'une Notice, par Sainte-Beuve, avec un portrait d'a-
près David. *Angers, V. Pavie,* 1841. In-8°, broch.

487. Les Détenues au Calvaire d'Angers, ou la Généro-
sité récompensée par l'Amour, drame en 2 actes et en
prose, par le citoyen Papin, professeur d'histoire aux
écoles centrales. *Angers, frères Mame,* an v, plaquette.
In-8°, broch.

488. « Le Temple de la félicité ou se voit divers tableaux
» qui représentent tout ce qui a pouvoir de rendre
» l'homme content et heureux en cette vie, par le
» R. P. D. Charles de Saint-Paul, abbé et supérieur
» général des Feuillans. » *Paris, Cramoisy,* 1630. Petit in-4°.

SCIENCES ET ARTS.

BEAUX-ARTS.

ARCHITECTURE.

489. « Architecture pratique, qui comprend... le détail,
» le toisé, etc., etc..., par Bullet. » *Paris, Herissant,*
1762. In-8°.

490. Nouveau livre des Cinq Ordres d'architecture, par
Jacques Barrozio Vignole. *Paris, Le Père,* 1776. Broch.

491. Revue générale de l'architecture... sous la direction
de M. César Daly, architecte. *Paris, Paulin et Hetzel,*
3 vol. 2 de texte, l'autre de planches. In-4°, cart.

492. Cours d'Architecture, qui comprend les ordres de
Vignole avec des commentaires, les figures de ses plus
beaux bâtiments et de ceux de Michel-Ange..., par
Daviler. *Paris, Mariette,* 1720. 2 vol. in-4°, v.

493. Traité de Géométrie..... à l'usage des artistes, par
Sébastien Leclerc. *Paris, Jombert,* 1774. In-8°, v.

ARCHÉOLOGIE.

494. Musée des antiquités égyptiennes, ou Recueil des monuments égyptiens.... par Charles Lenormant, membre de l'Institut. *Paris, Leleux,* 1841. In-f°, cart.

495. Les antiquités d'Athènes et autres monuments grecs, d'après les mesures de Stuart et Revette...... dessinées et décrites par M. Nolau, architecte, gravées par MM. Hibon et Reveil. *Paris, Audot,* 1835. Broch.

496. Voyage à Pompéi, par M. l'abbé Dominique Romanelli..... *Paris, Houdaille,* 1829. In-8°, cart.

497. Notice sur Jublains dans le département de la Mayenne..... par F.-P. Verger. *Nantes, Mellinet,* 1835. In-8°, broch.

498. Archéologie chrétienne..... par l'abbé J.-J. Bourassé. *Tours, Mame,* 1842. In-8°, broch.

499. Les Armes, blasons des chevaliers de l'Ordre du Saint-Esprit, créés par Louys XIII..... par Jacques Morin, escuier, sieur de la Masserie. *Paris, Firens,* XVII° s. In-4°, parchemin.

500. L'Art héraldique, contenant la manière d'apprendre le blason, avec figures, par M. Baron. *Paris, Osmont,* 1684. In-12, v.

PEINTURE ET GRAVURE.

Iconographie.

501. « Iconum XXIII Cœsarum a Julio incipientium ad » Heliogabalum successivè desinentium ab eorum nu- » mismatibus ad vivum expressarum, etc. » *Venetiis,* anno MDLXX. Recueil de gravures au nombre de 150 environ.

502. Médailles du règne de Louis XV, recueil bien conservé. In-4°, broché.

503. « Abrégé d'Anatomie, accommodé aux arts de pein-
» ture et de sculpture..... par François Tortebat. » *Paris, Crepy,* 1760. In-f°, broch.

504. « L'Art de dessiner, par Jean Cousin, excellent
» peintre françois. » *Paris, J.-F. Chereau.* In-4°, br.

505. « Livre de pourtraiture de maistre Jean Cousin,
» peintre et géométrien très excellent..... fort utile aux
» peintres, statuaires, architectes, orfévres, brodeurs,
» menuisiers, etc. » *Paris, Jean Leclerc,* 1612.

506. « Le Guide des jeunes dessinateurs, 1783. » In-4°,
broché.

507. « Traité élémentaire sur l'art de peindre en minia-
» ture..... par Violet. » *Rome,* 1788. *A Paris, Guillot.*
In-12, cart.

508. « Secrets concernant les arts et métiers. » *Avignon,
Delorme,* 1743. In-12, v.

509. « Nouveau Dictionnaire des secrets des arts et mé-
» tiers. » *Corbet,* 1828. In-12, broché.

510. « Manuel des jeunes artistes et amateurs en pein-
» ture, par M. P.-L. Bouvier. » *Paris, Levrault,* 1827.
In-8°, cart.

511. Recueil de figures, groupes, thermes, fontaines,
vases, etc., etc. *Paris, Thomassin.* In-8°, v.

512. Conversation sur la connaissance de la peinture et
sur le jugement qu'on doit faire des tableaux. *Paris,
M. Langlois,* 1677. In-12, v.

513. Dictionnaire abrégé de la Fable, pour l'intelligence
des poètes, des tableaux et des statues, par Chompré.
Paris, Saillant, 1774. In-12, v.

514. « Lettres sur la miniature, par Mausion, élève
» d'Isabey. » *Paris, Janet,* 1823. In-12, cart.

515. De la Peinture à l'huile, ou des Procédés matériels

employés dans ce genre de peinture, d'après Hubert et Jean Van-Eyck jusqu'à nos jours, par J.-F.-L. Mérimée. *Paris, Huzart,* 1830. In-8°, cart.

516. La Peinture, poëme en trois chants, par M. Le Mierre. *Amsterdam, Magerus,* 1770. In-12, v.

517. Éléments de peinture pratique, par M. de Piles.... *Amsterdam, Merkus,* 1776. In-12, v.

518. Abrégé de la Vie des peintres, etc., etc., par M. de Piles. *Amsterdam,* 1767.

519. L'École d'Uranie, ou l'Art de la peinture, traduit du latin d'Alphonse Dufresnoy. *Paris, Lemercier,* 1753. In-12, v.

520. Traité de la peinture, par Léonard de Vinci. *Paris, P.-F. Giffart,* 1716. In-12, v.

521. Douze volumes de la galerie complète des tableaux des peintres les plus célèbres de toutes les époques, ou Recueil des plus belles compositions tirées des Saintes Écritures de l'histoire ancienne, et autres sujets gravés au trait, d'après *Raphaël, Michel-Ange,* le *Corrège,* le *Poussin,* etc., etc. *Paris, Didot,* 1844. In-4°, broché.

522. Traité complet de la peinture, par M. P. de Montabert, 9 vol., plus 1 vol. de figures explicatives. *Paris,* 1829. In-8°, broché.

523. Explication des peintures, sculptures et gravures de MM. de l'Académie royale, dont l'exposition a été ordonnée... par M. le marquis de Marigny. *Paris,* 1769. In-12, cart.

524. Vies et OEuvres des peintres les plus célèbres..... recueil classique, réduit et gravé au trait, publié par C.-P. Landon. *Paris, Chaigneau,* 1803. Bel ouvrage in-4°, broché.

525. L'Art du peintre doreur vernisseur, par Watin, peintre. *Paris, Grangé,* 1773. In-8°, v.

526. Mémoires sur la vie et le siècle de Salvator Rosa, par Lady Morgan. *Paris, Eymery*, 1824. 2 vol. in-8°, broch.

527. Poétique des arts ou Cours de peinture et de littérature comparées, par J.-F. Sobry. *Paris, Delaunay*, 1810. In-8°.

528. Cours de peinture par principes, par de Piles. *Paris, Jacques Étienne*, 1708. In-12.

529. Traité de peinture, suivi d'un Essai sur la sculpture, par M. Dandré-Bardon. *Paris*, 1765. In-12, v.

530. L'Art de dessiner proprement les plans, profils, etc. *Paris, Ballard*, 1697. In-12, v.

531. Éléments de perspective pratique à l'usage des artistes, par D.-H. Valenciennes. *Paris, Payen*, 1820. In-4° cart.

532. Manuels-Roret. Nouveau Manuel complet du coloriste, par MM. Blanchard, Perrot et Thillaye. *Paris*, 1840.

533. Manuel de miniature et d'aquarelle. *Paris, Roret*, 1828. Broché.

534. Manuel du dessinateur et de l'imprimeur-lithographe. *Paris*, 1827.

535. Manuel de perspective du dessinateur et du peintre. *Paris, Roret*, 1826. Broch.

536. Manuel du dessinateur, ou Traité complet de cet art. *Paris*, 1827.

537. Manuel du peintre en bâtiments. *Paris*, 1832.

538. Traité des pratiques géométrales et perspectives enseignées dans l'Académie royale de la peinture et sculpture, par A. Bosse. *Paris, Bosse*, 1665. In-8°. v.

539. Extrait des différents ouvrages publiés sur la vie des peintres, par M. P.-D.-L.-F. Ruault. *Paris*, 1776. 2 vol. in-8°. v.

540. Observations sur quelques grands peintres, avec un précis de leur vie, par Taillasson. *Paris, Duminil Le Sueur*, 1807. Petit in-8°, cart.

541. « Iconologie tirée de divers auteurs, ouvrage dédié » à S. A. R. l'Infant D. Philippe, par J.-B. Boudard. » *Parme, Carmiquani*, 1759. 3 vol. in-4°, cart.

542. Traité de perspective à l'usage des artistes, par Edme-Sébastien Jéaurot. *Paris, Jombert*, 1750. In-4°, v.

CALLIGRAPHIE.

543. Recueil d'écritures variées, par Guillaume Legangneur, qui peut être considéré comme le régénérateur des caractères au XVIᵉ s. Précieux volume, rare.

Cet ouvrage est intitulé comme suit : « La Techno- » graphie ou brière méthode pour parvenir à la par- » faite connaissance de l'écriture française; la Risogra- » phie ou les sources, éléments et perfections de l'é- » criture italienne; la Calligraphie ou belle écriture » de la lettre grecque, par Guillaume Legangneur » (Angevin), secrétaire ordinaire de la chambre du » roy (Henri IV). » *Paris*, 1599. In-4°, v. fauv. fil. et tr. dor.

544. Théorie de l'art d'écrire simplifié, par Chesnel, artiste écrivain et professeur de grammaire à Fougères (Ille-et-Vilaine). *Paris, Delalain*, 1805. In-8°, broché.

545. Les Éléments ou premières instructions de la jeunesse, par Etienne de Blégny. *Paris, Cavelier*, 1712. In-8°, v.

546. L'Art d'apprendre à écrire en peu de leçons, connu en France sous le nom de Méthode américaine, par Carstair. *Paris, Colas*, 1828. In-8°, broché.

547. Heure abrégée de l'écriture, par Dubois, expert-juré. *Paris, Delormel*, 1772. In-12, v.

548. Traité sur la preuve par comparaison d'écritures,
par Vallain, écrivain juré-expert. *Paris, Durand,*1761.
In-12, v.

549. « L'Art et Science de la vraye proportion des let-
» tres attiques ou antiques, autrement dictes romaines
» selon le corps et visaige humain, avec l'instruction
» et manière de faire chiffres et lettres pour bagues
» d'or, pour tapisseries, vitres et painctures. Item de
» treize diverses sortes et façons de lettres davantage
» la manière d'ordonner la langue françoise par cer-
» taine règle de parler élégamment en bon et plus
» sain langage françois que par cy devant, etc., etc.,
» par Geoffroy Tory, de Bourges. » *Paris, Gaultherot,*
1549. In-12, v.

550. Huit pièces sur parchemin, particulièrement utiles
à la calligraphie. xvie et xviie s. Manuscrit.

551. Un lot de pièces manuscrites, qui sont actes privés
du xive au xviiie s., utiles particulièrement à la calligraphie.

552. Un lot de manuscrits, qui sont actes privés du xiv[e]
au xviiie s., utiles particulièrement à la calligraphie.

553. Un lot de pièces détachées, manuscrites, sur vélin,
depuis le xiiie s. jusqu'au xviiie s., utiles seulement
à la calligraphie.

554. Feuilles détachées d'un Missel du xve s., avec lettres dorées sur parchemin, particulièrement utiles à
la calligraphie. Manuscrit.

555. Une liasse de feuilles détachées, écrites sur parchemin, des xve et xvie s., utiles à la calligraphie.

556. Un Christ dessiné au trait de plume, ayant à droite
les armoiries de France, à gauche celles de France et
d'Espagne. Au-dessous on lit : « Hic Galliam et His-
» panias deffensat. Hispania dimicat pro Christo. »—
Plus bas on voit, à droite, Louis XIV et, à gauche, le

duc d'Anjou, roi d'Espagne. —Puis on lit : « Commencé
» le 18 de décembre 1704, et achevé le 5 de may 1705.
» —Famulus humillimus Cornelius de Bourgondia Mal-
» bodiensis invenit, fecit et obtulit. » Parchemin. H. 1ᵐ
· 20ᶜ. L. 1ᵐ 5ᵉ.

BOTANIQUE.

557. Trois ouvrages de M. Bastard, professeur de bota-
nique à Angers. — 1° Notice sur les végétaux les plus
intéressants du Jardin des plantes d'Angers. *Angers,
Pavie,* 1810. — 2° Essai sur la Flore du département
de Maine et Loire. *Angers, vᵉ Pavie,* 1809. — 3° Sup-
plément à l'Essai sur la Flore de Maine et Loire. *Angers, L. Pavie,* 1812. Ces trois ouvrages, in-12, broch.

HISTOIRE.

HISTOIRES DE FRANCE ET PARTICULIÈRES.

HISTOIRE DE FRANCE.

558. Le Mirouer historial de France. Manuscrit de 1451.
— Extraits de Grégoire de Tours, Sigebert, Hugues de
Fleury, Aimoin, etc., texte et traduction. Ce recueil est
probablement de Pierre Desrey, de Troyes. L'ouvrage
a été publié, croyons-nous, en 1515. *Paris, Dupré,*
avec une continuation jusqu'en 1514.

Un grand nombre de pages sont enrichies d'arabesques sur vélin.

HISTOIRE DES SORCIERS.

559. Histoire curieuse et pittoresque des sorciers, etc.,
depuis l'antiquité jusqu'à nos jours, par Mathias de
Giraldo, revue et augmentée par M. Fornari, professeur de philosophie hermétique à Milan. *Paris, Re-
nault,* 1846. In-8°, broché.

OUVRAGES D'ANGEVINS OU RELATIFS A L'ANJOU.

560. David, statuaire. Ses œuvres. Inauguration de la

Galerie David. *Angers, Cosnier* et *Lachèse,* 1842. In-8°, broché.

561. 1° Notice sur Pouancé et la Guerche. *Paris, Poussielgue,* 1832. In-8°, plaquette. — 2° Petit Système céleste et terrestre, rédigé par le sieur L'Allemand. *Angers, Mame,* 1822. Plaquette. — 3° Mémorial des maires de la ville d'Angers, par Henry Lambron de Lignim. *Angers, Cosnier* et *Lachèse,* 1845. In-4°, pla-quette.

562. Recherches historiques sur Angers et le Bas-Anjou, par J.-F. Bodin. *Saumur, Degouy,* 1821 et 1823. 2 vol. in-8°, 1ᵉ édit.

ARCHIVES.

563. Pièces manuscrites où se trouvent les signatures d'Henri Arnauld, de Simonne de Maillé, abbesse du Ronceray, de Michel Poncet de la Rivière, évêque d'Angers, de Montjean, etc., etc.; plus deux pièces qui sont les concessions du droit de fortifier le lieu de Mescrin en Anjou vers 1433.

564. Pièces manuscrites relatives à la famille d'Avaugour, au seigneur de Montjean, au lieu de Mescrin, à des taxes sur les villes de Rouen et de Caen en 1639, à Louise de Bourbon, abbesse de Fontevrault; aux courtiers royaux de Bordeaux, etc., etc.

565. Charte relatant la fondation de la chapelle de Mescrin en Saint-Jean des Mauvrets, 18 août 1479. Plus trois autres pièces relatives audit lieu.

566. Une liasse de parchemins des xvıᵉ, xvııᵉ et xvıııᵉ s., qui sont les contrats d'acquisitions et autres relatifs à la chapelle de Mescrin, à Blaizon et au Pinpeau.

567. Charte de Charles VII, en date à Chinon du 10 juillet 1433, accordant à Chaperon, seigneur de Mescrin en la chatellenie de Girebouze au pays d'Anjou, droit de fortifier sa demeure. « Chose bien nécessaire,

» tant pour la sûreté et retrait du dit... que de ses
» hommes et subgectz et aussi de leurs bestiail et au-
» tres biens qui chacun jour sont pillez, robez et des-
» troussez de plusieurs gens d'armes et rotiers, parce
» qu'ils n'ont aucun lieu fort ou les recevaire près
» d'eulx ne eulx aussi... Pour ces causes... octroyons
» que son dit lieu de Mescrin il puisse faire fortiffier
» et emparer tant de *fossés, pont leveys et planche que*
» *de basce court, murs, creneaulx, tours, barbacanes,*
» *machicolys,* etc., etc..... Et donnons en mandement
» par ces presentes au bailli de Touraine et des res-
» sorz et exempzions d'Anjou et du Maine et à tous
» noz autres justiciers et officiers.............. que de nos
» dits congié et licence facent jois et user le dessus
» dit, etc., etc. »

568. Charte d'Yolant « par la grace de Dieu reyne de
» Jerusalem et de Sicile, Duchesse d'Anjou. » Cette
princesse y est qualifiée de *lieutenant général,* pour
son fils Loys, roy desdits royaumes. Elle accorde par
cet acte, en date à Angers de 1433 (21 novembre), à
Chaperon, *seigneur de Mescrin* en Saint-Jean des Mau-
vret, le droit de fortifier sa demeure. On y lit ce qui
suit : « Le peuple (du village) est partie mort et partie
» alé démourer autre part, pour occasion des guerres
» et divisions de ce royaume, des mortalités et autres
» pestilences qui y ont eu et ont court. »

Ledit Chaperon est qualifié de conseiller et de che-
valier de la princesse qui ajoute : « Attendu que nous
» l'avons nourry et les services qu'il a faitz à feu prince
» de glorieux mémoire, notre très redoubté seigneur
» et espoux, le roy de Sicile, dont Dieu ait l'ame de
» qui il fut paige et après varlet tranchant et que de-
» puis il a faiz à nous et à nostre cher fils, tant en ses
» guerres en ce royaume contre les Anglois que en
» Italie, à la conqueste du royaume de Sicile et mes-
» mement qu'il a esté tout son temps et encorre est
» continuellement demourant au service de feu mon

» dit sieur, de nous et de nos enfans. Avons oc-
» troyé, etc., etc. Cette curieuse charte est écrite sur
parchemin.

569. Pièces sur parchemin, relatives à Saint-Jean des
Mauvrets en Anjou. L'une d'elle concerne la chapelle
*Sainte-Catherine de Mescrin, en l'église Saint-Jean
des Mauvrets.* 16 mars 1543.

570. Pièce sur parchemin, concernant la chapelle
Sainte-Catherine en l'église de Saint-Jean des Mauvrets. 1595.

Acte sur parchemin, signé de Jean de Châteaubriant,
prieur du prieuré, curé de Saint-Jean des Mauvrets.
An 1555.

Vente par des paroissiens de Saint-Jean des Mauvrets, texte en français, sur parchemin. 19 nov. 1399.

Testament de Bertrand Chaperon, 18 octobre 1482,
texte en vieux français sur parchemin. Il y est mention
de divers avantages faicts à l'église du Pin-en-Mauge.

571. Charte de Guillaume Ruzé « (Sacre theologie doc-
» tor, cristianissimi domini nostri Caroli Francorum
» regis ac invictissimi illustrissimi que domini Henrici
» nostri magni Andium ducis, etc., etc., etc.), » évêque
d'Angers, concernant la présentation de la chapelle du
Pin-en-Mauge.

Cet acte latin, sur parchemin, est en date, à Angers,
du 27 janvier 1573.

572. Lettre de compulsoire, pour dame Claude d'Avau
gour, accordée par Henri III, *roy de France et de Po-
logne.* 4 décembre 1574. Parchemin.

Acte curieux sur parchemin, signé de Louis XIII,
avril 1615, concernant la famille *de Broc, dite La ville
au fourier.*

573. Un lot de pièces manuscrites, savoir : *Foy et hom-
mage, par René de Broc; testament de la présidente de
la Porte, inhumée aux Jacobins d'Angers; diplôme de
1638, à M. le Roy de la Potherie, nommé conseiller*

*général des finances en Dauphiné; aveu rendu à Neu-
ville, près du Lion-d'Angers; acte concernant une rente
due à N.-D. de Beaufort en* 1627, etc., etc.

574. Une liasse de parchemins concernant la famille Le
Roy de la Potherie, et notamment Pierre Le Roy de la
Potherie, seigneur *de Neuville, Pruillé, Bourmont,* etc.,
demeurant en son château de la Chenaye, paroisse de
Pruillé (an 1784).

575. Brevet de comédien pour le sieur Desmarets, accordé par Monsieur, fils de France, frère du roi, duc
d'Anjou et d'Alençon, comte du Maine, du Perche et
de Senonches, 7 août 1777. Il résulte de ce brevet
que le privilége accordé à Mlle de Montansier, pour la
tenue des spectacles à Angers, étant expiré, Monsieur
(depuis Louis XVIII) accorde au sieur Desmarets le
privilége, pour six années, de faire représenter tragé-
dies, comédies françaises, italiennes, opéras, opéras-
comiques et bouffons, à la charge par le sieur Desmarets de remettre, chaque année, une somme de
mille francs dans les mains du trésorier d'Angers, pour
l'entretien de l'hôpital des enfants-trouvés.

576. Brevet de don des ruines du château de Beaufort,
accordé par Louis XV, le 11 août 1725, au principal du
collége de Beaufort en Anjou. Permission lui est accordée de faire démolir lesdites ruines pour les em-
ployer aux bâtiments dudit collége.

577. Une centaine de pages manuscrites, sur parchemin,
d'un obituaire des xviie et xviiie s., présumé provenir
du couvent des Cordeliers d'Angers. L'on y rencontre
un assez grand nombre de noms angevins.

578. Cinq diplômes de *doctorat,* de *licence* et de *bacca-
lauréat* de l'Université d'Angers, au xviiie s. Signatures
de *Babin, Guillier de la Tousche, Duboys,* etc., etc.

579. Fac-simile de lettres *d'Henri IV; de Marie-Antoinette; de Louis XVI; d'Alexandre Dumas; de Georges Sand; de Lamartine; de Victor Hugo; d'Alphonse Kar; J. Janin.*

AUTOGRAPHES.

1.

580. Autographe d'Anne Babon, abbesse de N.-D. de Beaumort lez Tours. 1639.

2.

De Gaston d'Orléans. Chantilly, 26 février 1627.

3.

De Philippe de Girard, marquis de Charnacé, 1673.

4.

D'Henri Arnauld, évêque d'Angers. Beaufort, 1679.

5.

D'Henri de Bourbon, prince de Condé, baron de Craon. Novembre 1619.

6.

D'Antoine d'Estrées. Paris, 1598.

581. Lettre de Minoré, au bas de laquelle se trouvent les armes et la signature d'Henri Arnauld, évêque d'Angers. 24 septembre 1672.

Charte de l'année 1238, concernant l'abbesse du couvent de Saint-Sulpice, diocèse de Rennes, et l'abbé du couvent de la Bienheureuse Marie du Lorroux (ordre de Cîteaux) au diocèse d'Angers.

582. Curieuse pièce sur parchemin, du duc de Mayenne, contenant ce qui suit :

« Aujourd'hui 8 novembre, l'an 1589, Monseigneur » le duc de Mayenne, lieutenant-général de l'Estat

» Royal et couronne de France, estant à Paris, en
» considération des grans meubles dont Madame la
» duchesse de Nemours a faict perte en sa maison de
» Verneuil, luy a doné et done tous et chacuns les
» meubles qui se trouveront en ceste ville de Paris,
» appartenant au sieur de la Poterie, absent, et tenant
» party contraire, etc., etc., etc. »
Signé : Charle de Lorraine.
Et plus bas : Baudouyn.

583. Lettre du maréchal duc de Laval. Paris, 3 may
1788.

584. Précieuse lettre sur parchemin de René d'Anjou,
en date du 5 octobre 1436, par laquelle ce prince
accorde à Auvergnas Chapperon le droict de continuer
à fortifier son *hostel de Mescrin, situé « en la paroisse*
» *de Saint-Jean-des-Mauvretz, en Anjou; de fere au-*
» *dit hostel fossés à l'entour, barbacanes, ponts-levis,*
» *planches, etc.* »

Cette lettre, d'une fort belle écriture du xvᵉ siècle,
est signée de la main même de René, le reste du
texte est d'un secrétaire.

A l'un des angles du vélin, on aperçoit trace des
armes du duc d'Anjou. — Belle conservation.

585. Lettre de légitimation accordée par Henri IV au
mois d'août 1598. Cette lettre est signée *Henry.*

586. Procuration sur parchemin du vicomte de Roche-
chouart, en 1595, avec sa signature.

Pièce sur parchemin, revêtue de la signature de
Jehanne de Villeneuve, mère-régente des religieuses
de Saint-François, de Chollet, 1598.

Testament de Jean de la Gresille, sur parchemin,
16 septembre 1466.

Lettre d'octroi, par Louis XIV, de la charge de
procureur du Roy au siége présidial en la maréchaussée
de Châteaugontier, 16 avril 1691.

587. Commission de sergent à garde de la maîtrise des
eaux et forêts de Château-du-Loir, 15 janvier 1673.
Signée de Louis XIV.

Commission d'archer de la maréchaussée générale
à la résidence de Loches. Signée de Louis XV.

Pièce sur parchemin, portant la signature : *Leo,
episcopus Santonnensis.*

C'est Léon de Beaumont, en 1723.

588. Lettre de commission de maréchal de camp, sur
parchemin, signée de Louis XIV, 14 septembre 1674.
En marge on lit : « Le vicomte de Turenne, maréchal
» général des camps et armées du roy, colonel général
» de la cavalerie légère de France, etc., etc. Vu la pré-
» sente commission, etc., etc. (Signature de Turenne). »

589. Un reçu de l'an 1567, sur parchemin, portant la
signature de Jehanne de Maillé, abbesse du Ronceray.

Dispense d'âge : acte au bas duquel est la signature
de Louis XV (1733).

Lettre d'honneur signée de Louis XIV (1662).

590. Lettres d'octroie sur parchemin, d'Henri IV au sieur
Le Roy de la Potherie. Au bas se voit la signature du
monarque (1609).

Lettres d'octroie du même prince à Charles Le Roy
(1605). Sans signature.

Acte de dispense de parenté, au bas duquel se
trouve la signature de Louis XIV (1702).

PIÈCES CALLIGRAPHIQUES.

591. Un grand nombre de pièces des plus célèbres cal-
ligraphes anciens et modernes, manuscrites et gravées, tant sur parchemin que sur papier, seront di-
visées sous ce numéro.

FIN.

ORDRE DE LA VENTE.

Les 23, 24 et 25 juin.

Chaque jour
- 50 N^{os} de gravures.
- 20 N^{os} de dessins.
- 75 N^{os} de tableaux.

Le jeudi 26 juin.

Toute la 1re division, sans les gravures.

Le vendredi 27 juin.

Toute la 5e division, manuscrits et livres imprimés.

Le samedi 28 juin.

La collection de pièces calligraphiques.

CONDITIONS :

Les acquéreurs paieront comptant entre les mains du commissaire-priseur chargé de la vente, et cinq pour cent en sus du prix d'adjudication.

www.ingramcontent.com/pod-product-compliance
Lightning Source LLC
LaVergne TN
LVHW011450180726
843503LV00007BA/2976